Impressum
Verlag: BABADADA GmbH, Nedderfeld 112 , 22529 Hamburg
Geschäftsführer / Verlagsleitung: Harald Hof
Druck: Books on Demand GmbH, In de Tarpen 42, 22848 Norderstedt

Imprint
Publisher: BABADADA GmbH, Nedderfeld 112 , 22529 Hamburg, Germany
Managing Director / Publishing direction: Harald Hof
Print: Books on Demand GmbH, In de Tarpen 42, 22848 Norderstedt, Germany

класна кімната
salǎ de clasǎ

ділити
a împǎrți

186/2

шкільний двір
curte a școlii

дошка
tablǎ

вчитель
profesor

писати
a scrie

папір
hârtie

ручка
instrument de scris

письмовий стіл
masa de birou

лінійка
riglǎ

книга
carte

учень
elev

ранець

ghiozdan

пенал

penar

олівець

creion

точило

ascuțitoare

гумка

radierǎ

альбом для малювання

bloc de desen

малюнок

desen

пензель

pensulă

коробка фарб

cutie de acuarele

ножиці

foarfece

клей

lipici

зошит

caiet de exerciții

домашнє завдання

temă

число

număr

додавати

a aduna

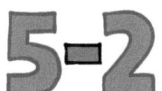

віднімати

a scădea

множити

a multiplica

рахувати

a calcula

літера

literă

абетка

alfabet

слово

cuvânt

текст

text

читати

a citi

крейда

cretă

година

oră

класний журнал

catalog

екзамен

examen

диплом

certificat

шкільна форма

uniformă școlară

освіта

educație

лексикон

enciclopedie

університет

universitate

мікроскоп

microscop

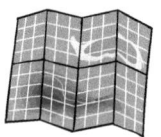

карта

hartă

кошик для паперу

coș de gunoi

подорож
călătorie

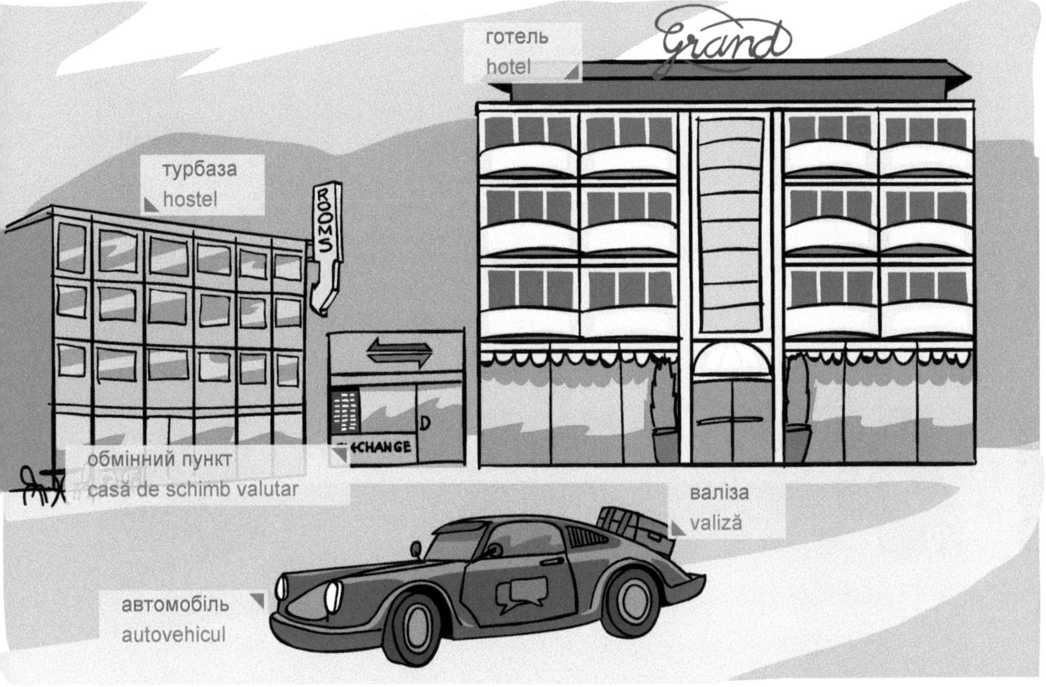
готель
hotel
Grand
турбаза
hostel
ROOMS
обмінний пункт
casă de schimb valutar
валіза
valiză
автомобіль
autovehicul

мова

limbă

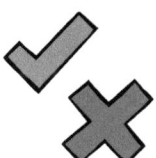

так / ні

da/nu

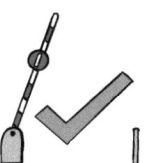

добре

okay

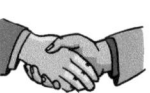

привіт

Bună!

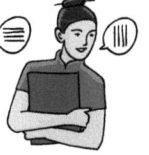

перекладач

interpret

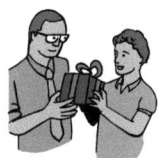

дякую

mulțumesc

Скільки коштує ...?

Cât costă...?

Я не розумію

Nu înțeleg

проблема

problemă

Добрий вечір!

Bună seara!

Доброго ранку!

Bună dimineața!

На добраніч!

Noapte bună!

До побачення

la revedere

напрямок

direcție

багаж

bagaj

сумка

geantă

рюкзак

rucsac

гість

oaspete

кімната

cameră

спальний мішок

sac de dormit

намет

cort

туристична інформація

punct de informare turistică

пляж

plajă

кредитна картка

carte de credit

сніданок

mic dejun

обід

masa de prânz

вечеря

cină

квиток

bilet de călătorie

ліфт

lift

поштова марка

timbru poştal

межа

graniţă

митниця

vamă

посольство

ambasadă

віза

viză

паспорт

paşaport

транспорт
transport

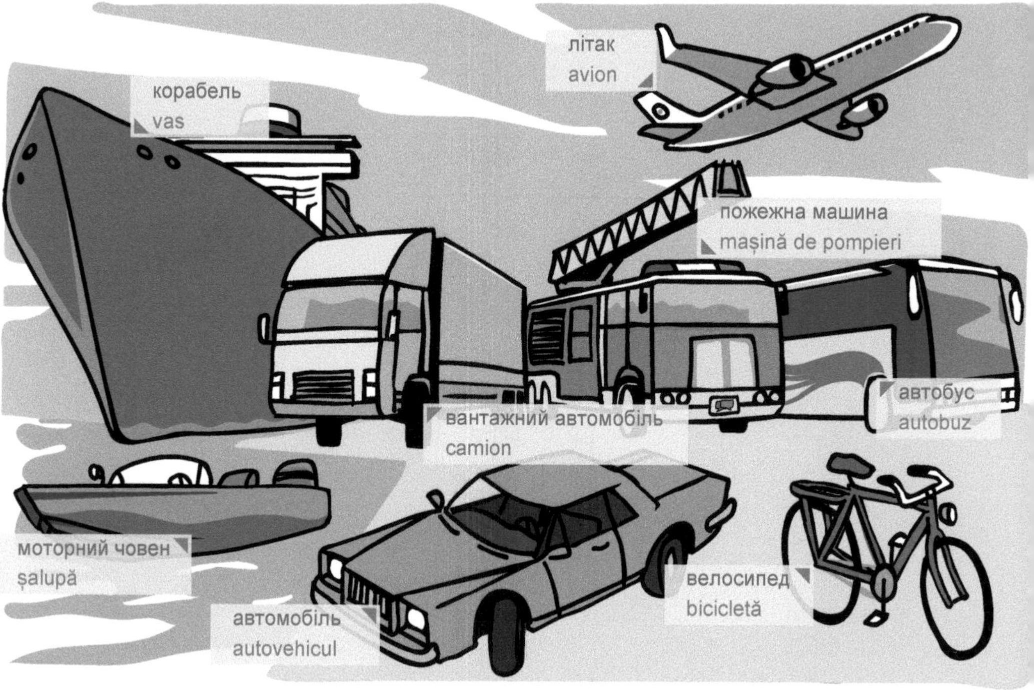

літак
avion

корабель
vas

пожежна машина
maşină de pompieri

вантажний автомобіль
camion

автобус
autobuz

моторний човен
şalupă

велосипед
bicicletă

автомобіль
autovehicul

пором

feribot

човен

barcă

мотоцикл

motocicletă

поліцейська машина

maşină de poliţie

гоночний автомобіль

maşină de curse

автомобіль на прокат

maşină închiriată

спільне користування авто

car sharing

евакуатор

mașină de tractat

сміттєвоз

mașină de gunoi

двигун

motor

паливо

combustibil

автозаправна станція

benzinărie

дорожній знак

semn de circulație

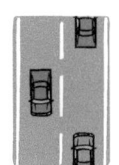

рух

trafic

затор

ambuteiaj

стоянка

parcare

вокзал

gară

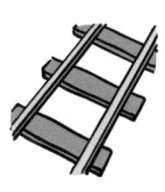

рейки

șine

потяг

tren

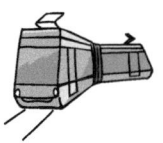

трамвай

tramvai

вагон

vagon

гелікоптер
elicopter

аеропорт
aeroport

вежа
turn

пасажир
pasager

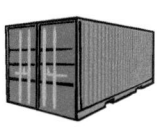

контейнер
container

коробка
carton

візок
căruță

кошик
coș

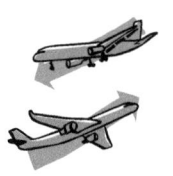

стартувати / приземлятися
a decola/a ateriza

місто

oraș

село
sat

центр міста
centru

дім
casă

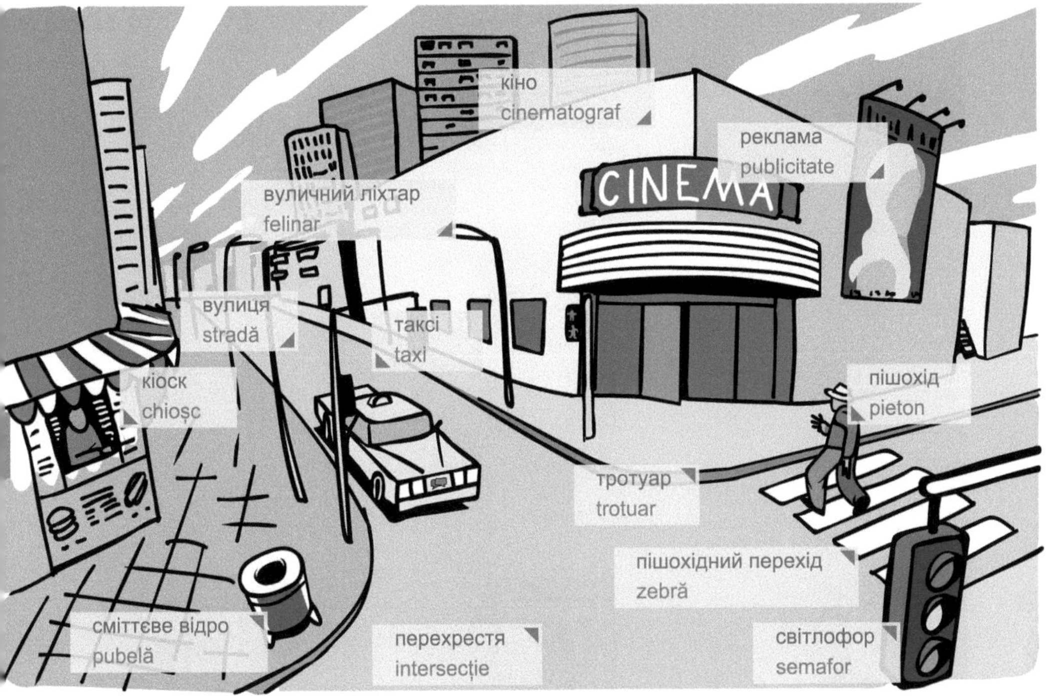

кіно
cinematograf

реклама
publicitate

вуличний ліхтар
felinar

CINEMA

вулиця
stradă

таксі
taxi

кіоск
chioşc

пішохід
pieton

тротуар
trotuar

пішохідний перехід
zebră

сміттєве відро
pubelă

перехрестя
intersecţie

світлофор
semafor

хатина

cabană

квартира

apartament

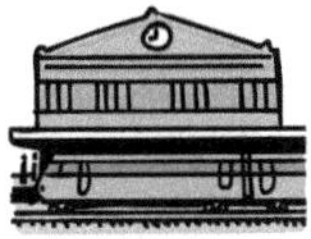

вокзал

gară

ратуша

primărie

музей

muzeu

школа

şcoală

університет

universitate

банк

bancă

лікарня

spital

готель

hotel

аптека

farmacie

офіс

birou

книжковий магазин

librărie

магазин

magazin

квітковий магазин

florărie

супермаркет

supermarket

ринок

piață

універмаг

magazin universal

торговець рибою

comerciant de pește

торговельний центр

centru comercial

гавань

port

парк

parc

лава

bancă

міст

pod

сходи

trepte

метро

metrou

тунель

tunel

автобусна зупинка

stație de autobuz

бар

bar

ресторан

restaurant

поштова скринька

cutie poștală

вулична табличка

tăbliță indicatoare cu
numele străzii

лічильник паркування

parcometru

зоопарк

grădină zoologică

басейн

piscină

мечеть

moschee

ферма

gospodărie țărănească

забруднення навколишнього середовища

poluare

кладовище

cimitir

церква

biserică

дитячий майданчик

loc de joacă

храм

templu

ландшафт

peisaj

листок
frunză

вказівний стовп
indicator

шлях
drum

луг
pajiște

камінь
piatră

дерево
copac

мандрівник
drumeț

річка
râu

трава
iarbă

квітка
floare

долина
vale

гора
deal

озеро
lac

ліс
pădure

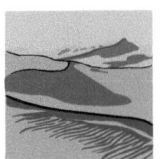
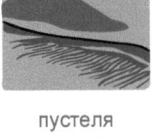

пустеля
deşert

вулкан
vulcan

замок
castel

веселка
curcubeu

гриб
ciupercă

пальма
palmier

комар
ţânţar

муха
muscă

мурашка
furnică

бджола
albină

павук
păianjen

жук

gândac

жаба

broască

вивірка

veveriță

їжак

arici

заєць

iepure

сова

bufniță

птах

pasăre

лебідь

lebădă

кабан

porc mistreț

олень

cerb

лось

elan

гребля

dig

вітряк

turbină eoliană

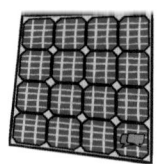

сонячний модуль

panou solar

клімат

climă

ресторан
restaurant

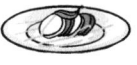

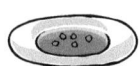

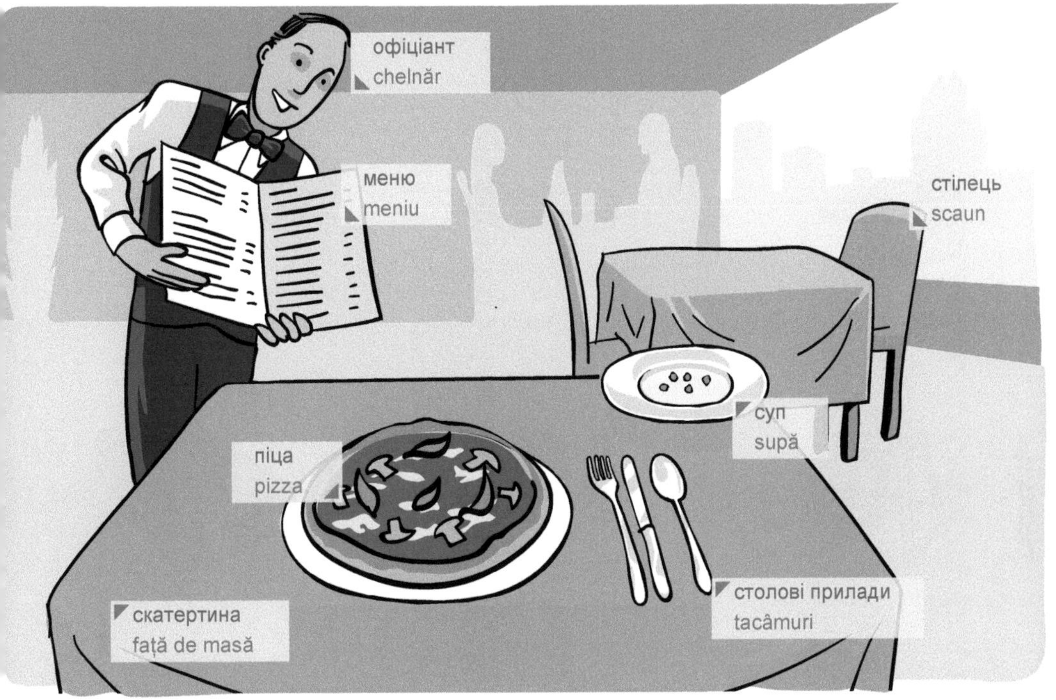
офіціант
chelnăr
меню
meniu
стілець
scaun
суп
supă
піца
pizza
столові прилади
tacâmuri
скатертина
față de masă

закуска

antreu

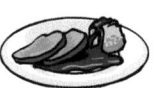

друга страва

fel principal

десерт

desert

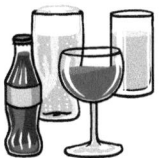

напої

băuturi

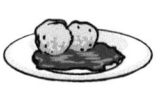

їжа

mâncare

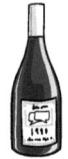

пляшка

sticlă

фаст-фуд

fastfood

вулична їжа

streetfood

чайник

ceainic

цукорниця

zaharniță

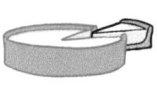

порція

porție

еспресо-машина

espressor

високий стільчик

scaun înalt (pentru copii)

рахунок

factură

піднос

tavă

ніж

cuțit

вилка

furculiță

ложка

lingură

чайна ложка

linguriță

серветка

șervețel

склянка

pahar

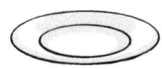

тарілка

farfurie

тарілка для супу

farfurie de supă

блюдце

farfurie

соус

sos

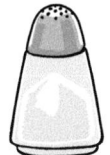

солонка

solniță

млин для перцю

râșniță de piper

оцет

oțet

масло

ulei

спеції

condimente

кетчуп

ketchup

гірчиця

muștar

майонез

maioneză

супермаркет
supermarket

пропозиція
ofertă
FOR
клієнт
client
молочні продукти
produse lactate
фрукти
fructe
візок для покупок
cărucior de cumpărături

BUTCHERS

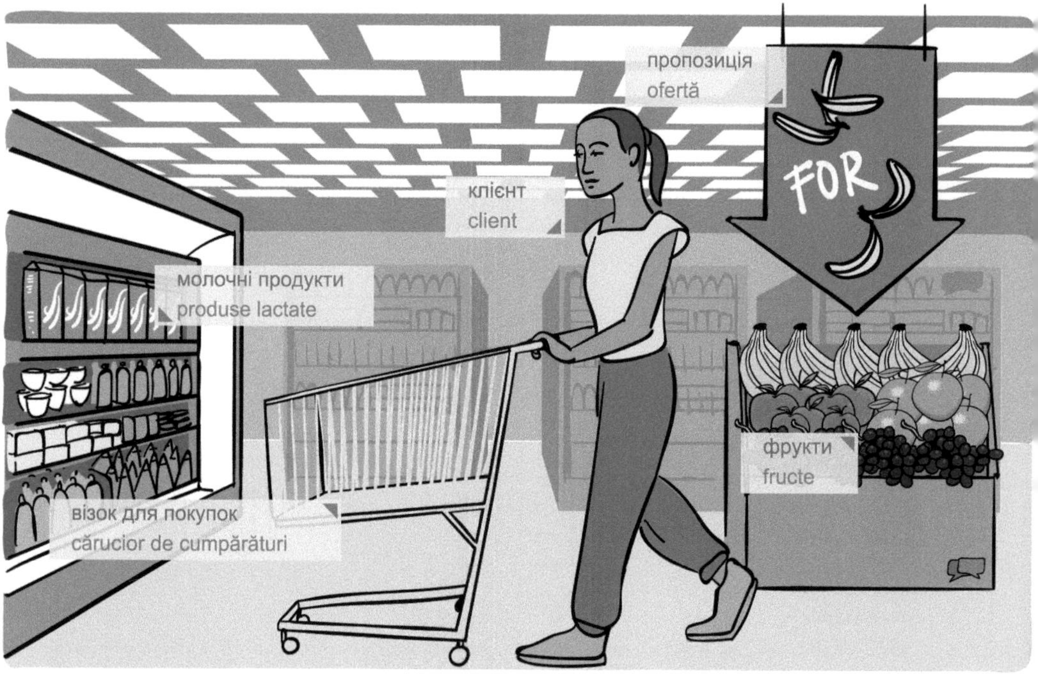

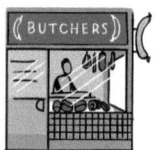

м'ясний магазин

măcelărie

BAKERY

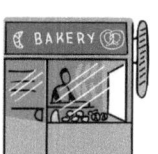

пекарня

brutărie

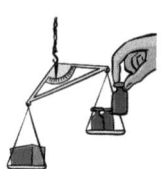

зважувати

a cântări

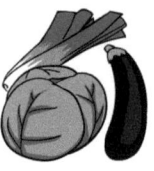

овочі

legume

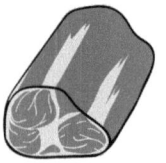

м'ясо

carne

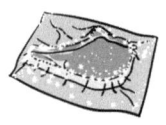

заморожені продукти

alimente refrigerate

ковбасна нарізка

mezeluri şi brânzeturi feliate

консерви

conserve

пральний порошок

detergent

солодощи

dulciuri

предмети домашнього побуту

articole de menaj

мийний засіб

produse de curăţenie

продавщиця

vânzătoare

каса

casă

касир

casier

список покупок

listă de cumpărături

часи роботи

orar

гаманець

portmoneu

кредитна картка

carte de credit

сумка

geantă

поліетиленовий пакет

pungă de plastic

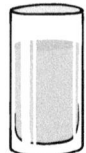

вода

apă

сік

suc

молоко

lapte

кола

cola

вино

vin

пиво

bere

алкоголь

alcool

какао

cacao

чай

ceai

кава

cafea

еспресо

espresso

капучіно

cappucino

банан

banane

яблуко

măr

апельсин

portocală

кавун

pepene

лимон

lămâie

морква

morcov

часник

usturoi

бамбук

bambus

цибуля

ceapă

гриб

ciupercă

горішки

nuci

локшина

paste făinoase

спагеті

spagheti

рис

orez

салат

salată

картопля фрі

cartofi prăjiți

смажена картопля

cartofi țărănești

піца

pizza

гамбургер

hamburger

бутерброд

sandwich

шніцель

șnițel

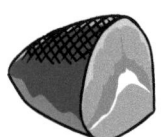

шинка

șuncă

салямі

salam

ковбаса

cârnați

курка

pui

печеня

friptură

риба

pește

вівсяні пластівці

fulgi de ovăz

мюслі

musli

кукурудзяні пластівці

cereale

борошно

făină

круасан

corn

булочка

chifle

хліб

pâine

тостовий хліб

pâine prăjită

печиво

biscuiți

масло

unt

сир

brânză de vaci

пиріг

prăjitură

яйце

ou

яєчня

ouă ochiuri

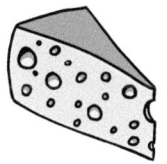

сир

brânză

їжа - mâncare　　　25

морозиво

îngheţată

цукор

zahăr

мед

miere

мармелад

marmeladă

нуга-крем

cremă nuga

карі

curry

фермa
gospodărie țărănească

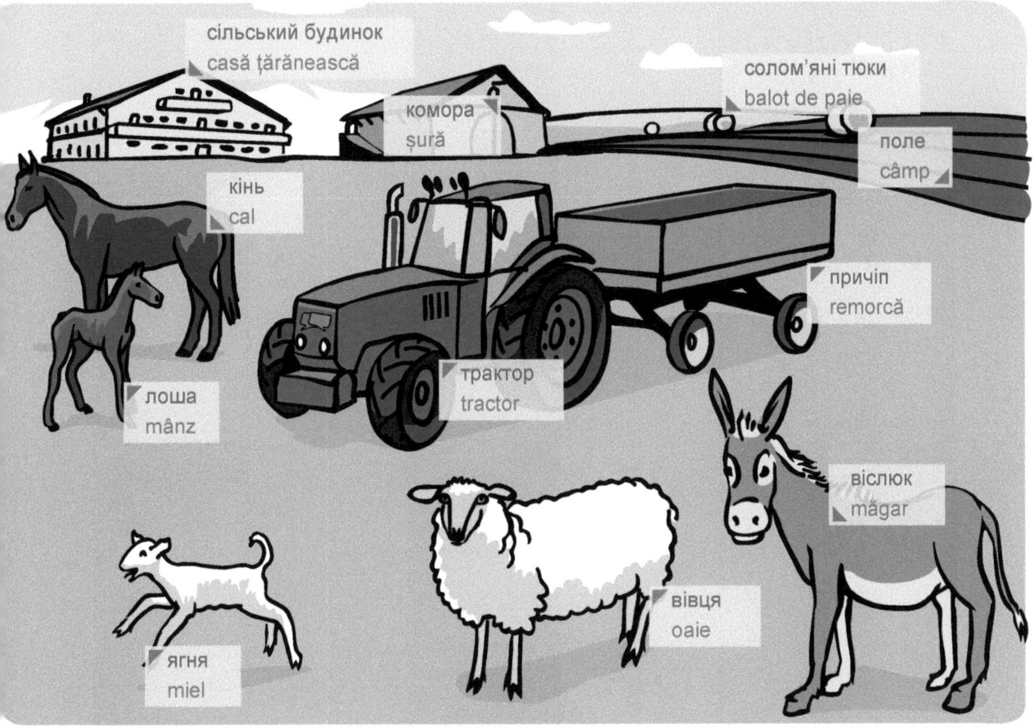

сільський будинок
casă țărănească
комора
șură
солом'яні тюки
balot de paie
поле
câmp
кінь
cal
причіп
remorcă
трактор
tractor
лоша
mânz
віслюк
măgar
вівця
oaie
ягня
miel

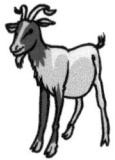

коза
capră

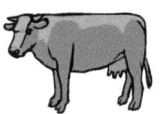

корова
vacă

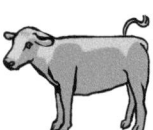

теля
vițel

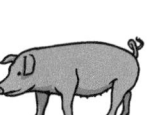

свиня
porc

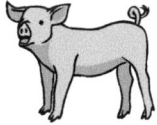

порося
purcel

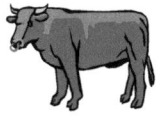

бик
taur

гусак

găină

качка

rață

курча

pui

курка

găină

півень

cocoș

щур

șobolan

кіт

pisică

миша

șoarece

віл

bou

собака

câine

собача будка

cușcă

садовий шланг

furtun de grădină

лійка

stropitoare

коса

coasă

плуг

plug

ферма - gospodărie țărănească

серп

secerǎ

мотика

sapǎ

вила

furcǎ

сокира

secure

тачка

roabǎ

корито

troacǎ

бідон молока

canǎ pentru lapte

мішок

sac

паркан

gard

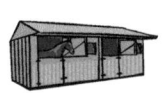

хлів

grajd

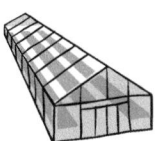

теплиця

serǎ

ґрунт

sol

насіння

sǎmânțǎ

добриво

fertilizator

комбайн

combinǎ de treierat

пожинати

a culege

урожай

recoltă

корінь ямсу

cartof yam

пшениця

grâu

соя

soia

картопля

cartof

кукурудза

porumb

ріпак

rapiță

плодове дерево

pom fructifer

маніок

manioc

злаки

cereale

дім
casă

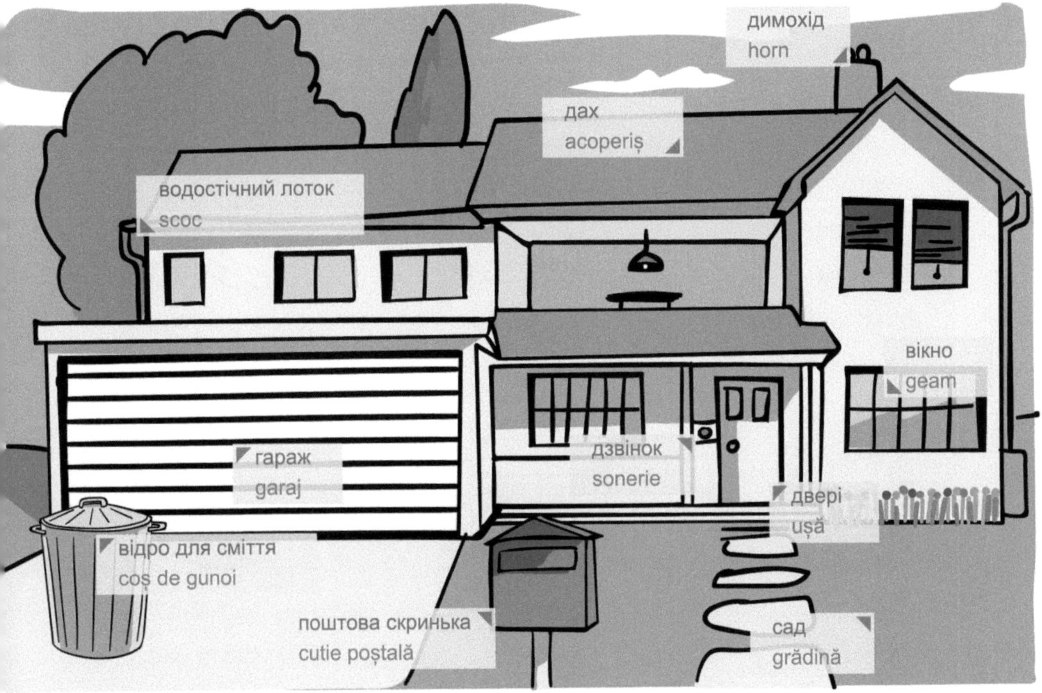
димохід
horn
дах
acoperiș
водостічний лоток
scoc
вікно
geam
гараж
garaj
дзвінок
sonerie
двері
ușă
відро для сміття
coș de gunoi
поштова скринька
cutie poștală
сад
grădină

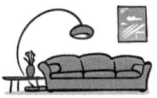

вітальня
cameră de zi

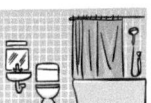

ванна кімната
baie

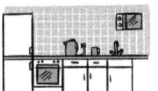

кухня
bucătărie

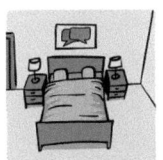

спальня
dormitor

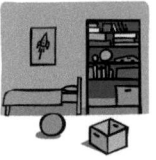

дитяча кімната
camera copiilor

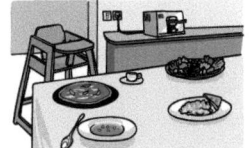

їдальня
sufragerie

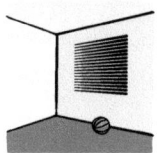

підлога

podea

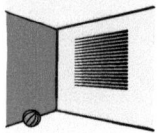

стіна

perete

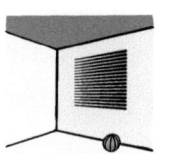

стеля

tavan

підвал

pivniță

сауна

saună

балкон

balcon

тераса

terasă

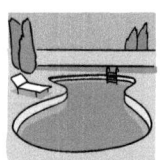

басейн

piscină

косарка

mașină de tuns iarba

простирало

cearşaf

ковдра

cuvertură

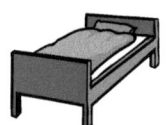

ліжко

pat

мітла

mătură

відро

găleată

перемикач

întrerupător

вітальня

cameră de zi

шпалери
tapet
малюнок
pictură
лампа
lampă
поличка
raft
шафа
dulap
телевізор
televizor
камін
șemineu
квітка
floare
подушка
pernă
диван
sofa
ваза
vază
пульт
telecomandă

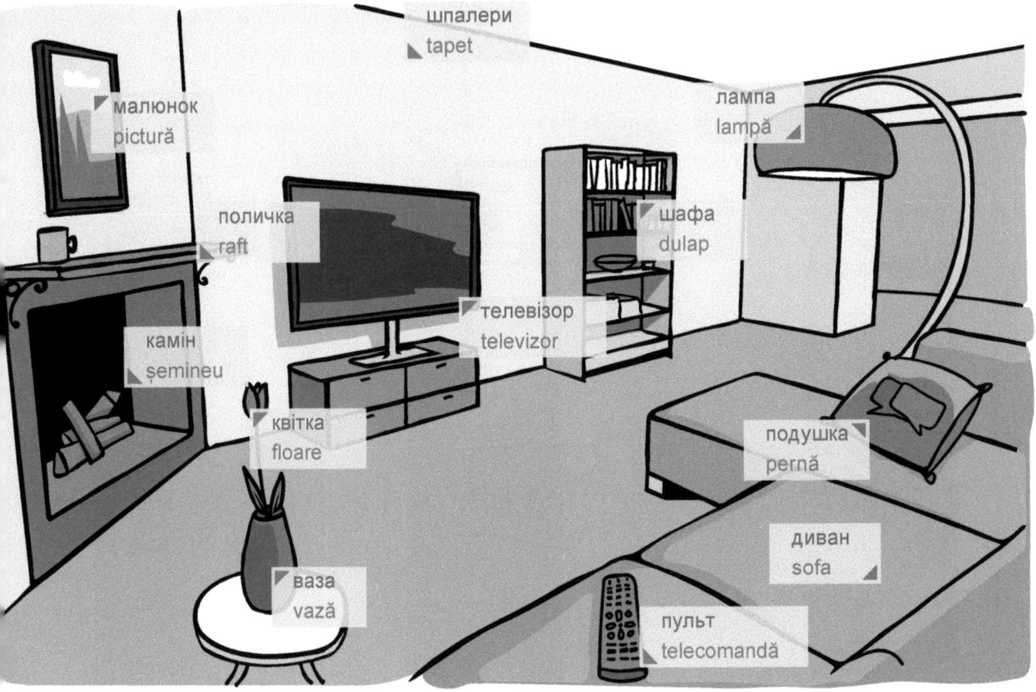

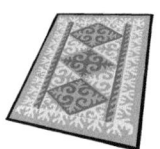

килим

covor

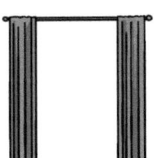

завіса

perdea

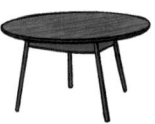

стіл

masă

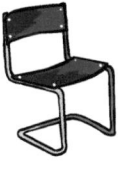

стілець

scaun

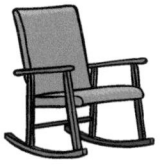

крісло-гойдалка

balansoar

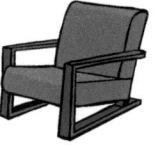

крісло

fotoliu

книга

carte

ковдра

pătură

прикраса

decoraţiune

дрова

lemn de foc

фільм

film

стереосистема

instalaţie stereo

ключ

cheie

газета

ziar

картина

desen

плакат

poster

радіо

radio

блокнот

caiet de notiţe

пилосос

aspirator

кактус

cactus

свічка

lumânare

кухня
bucătărie

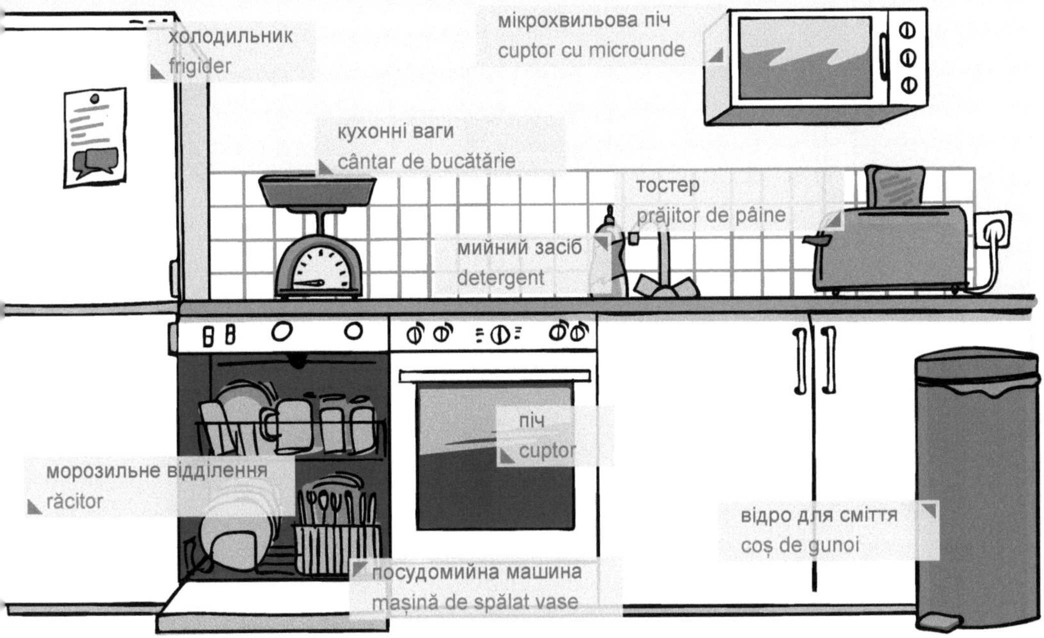
холодильник
frigider
мікрохвильова піч
cuptor cu microunde
кухонні ваги
cântar de bucătărie
тостер
prăjitor de pâine
мийний засіб
detergent
піч
cuptor
морозильне відділення
răcitor
відро для сміття
coș de gunoi
посудомийна машина
mașină de spălat vase

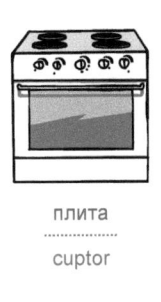

плита
cuptor

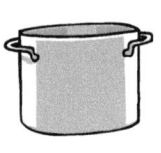

горщик
oală

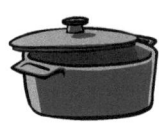

чавунний горщик
oală de metal

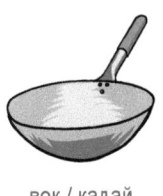

вок / кадай
wok/kadai

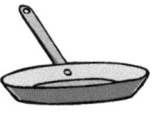

сковорода
tigaie

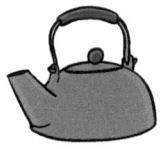

чайник
ceainic

пароварка

oală de gătit cu aburi

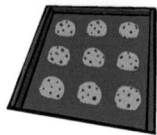

лист

tavă de copt

посуд

veselă

кухоль

pahar

чаша

bol

палички для їжі

bețișoare

черпак

polonic

лопатка

spatulă

вінчик для збивання

tel

сито

sită

сито

sită

терка

răzătoare

ступка

mojar

барбекю

grătar

багаття

loc pentru grătar

дошка

tocător

качалка

sucitor

штопор

tirbușon

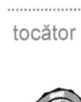

конзерва

conservă

відкривачка

deschizător de conserve

прихватки

șervete termice

раковина

chiuvetă

щітка

perie

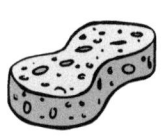

губка

burete

міксер

mixer

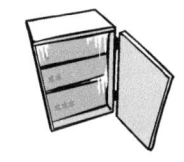

морозильна камера

ladă frigorifică

дитяча пляшка

biberon

кран

robinet

кухня - bucătărie

ванна кімната

baie

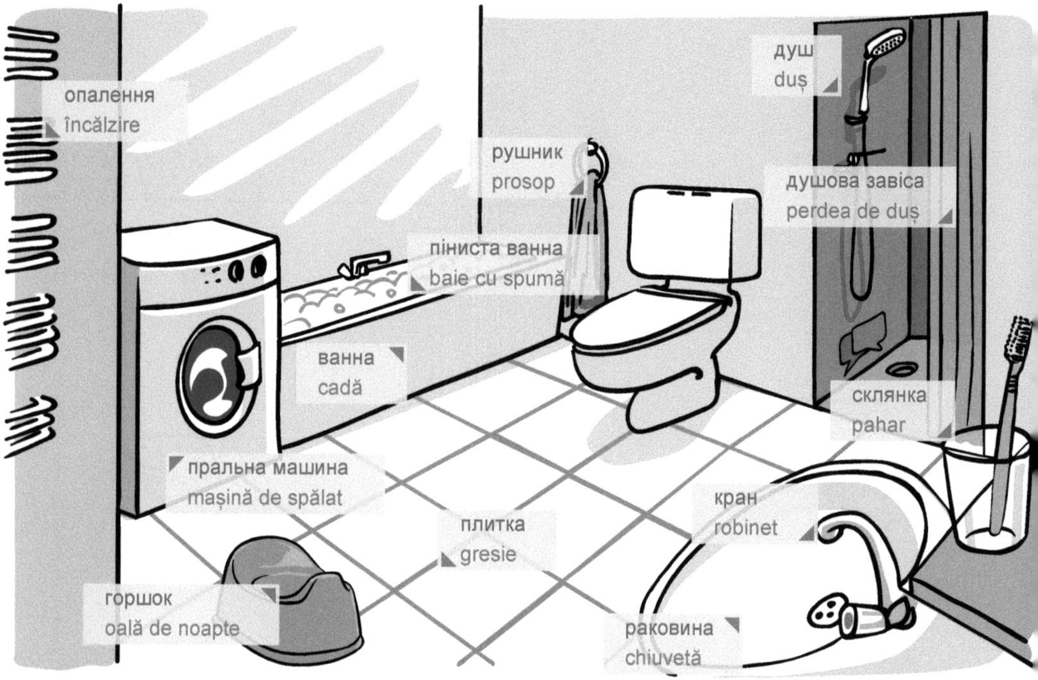
опалення
încălzire
рушник
prosop
душ
duș
душова завіса
perdea de duș
піниста ванна
baie cu spumă
ванна
cadă
склянка
pahar
пральна машина
mașină de spălat
кран
robinet
плитка
gresie
горшок
oală de noapte
раковина
chiuvetă

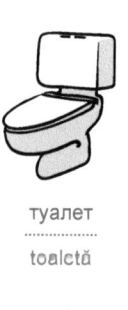

туалет

toaletă

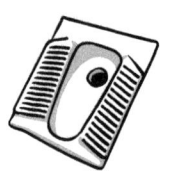

підлоговий туалет

toaletă turcească

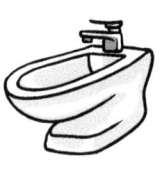

біде

bideu

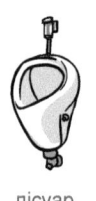

пісуар

pisoir

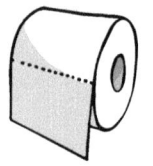

туалетний папір

hârtie igienică

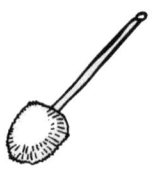

щітка для туалету

perie de toaletă

зубна щітка

periuță de dinți

зубна паста

pastă de dinți

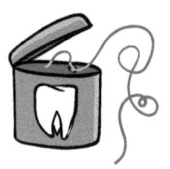

нитка для чищення зубів

ață dentară

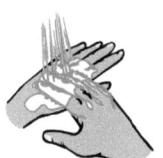

мити

a spăla

ручний душ

cap de duș

інтимний душ

duș intim

таз

lavoar

щітка для спини

perie pentru spate

мило

săpun

гель для душу

gel de duș

шампунь

șampon

мочалка

cârpă de spălat

водостік

scurgere

крем

cremă

дезодорант

deodorant

дзеркало

oglindă

косметичне дзеркало

oglindă cosmetică

бритва

aparat de ras

піна для гоління

spumă de ras

лосьйон після гоління

aftershave

гребінь

pieptene

щітка

perie

фен

uscător de păr

лак для волосся

fixator

косметика

machiaj

губна помада

ruj

лак для нігтів

lac de unghii

вата

vată

ножиці для нігтів

foarfece de unghii

парфум

parfum

косметичка

neseser

табурет

taburet

ваги

cântar

халат

halat de baie

гумові рукавички

mănuși de cauciuc

тампон

tampon

гігієнічні прокладки

tampon

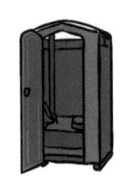

біотуалет

toaletă chimică

дитяча кімната

camera copiilor

будильник
ceas deșteptător
м'яка іграшка
jucărie de pluș
іграшковий автомобіль
mașină de jucărie
брязкальце
morișcă
ляльковий будиночок
casă de păpuși
подарунок
cadou

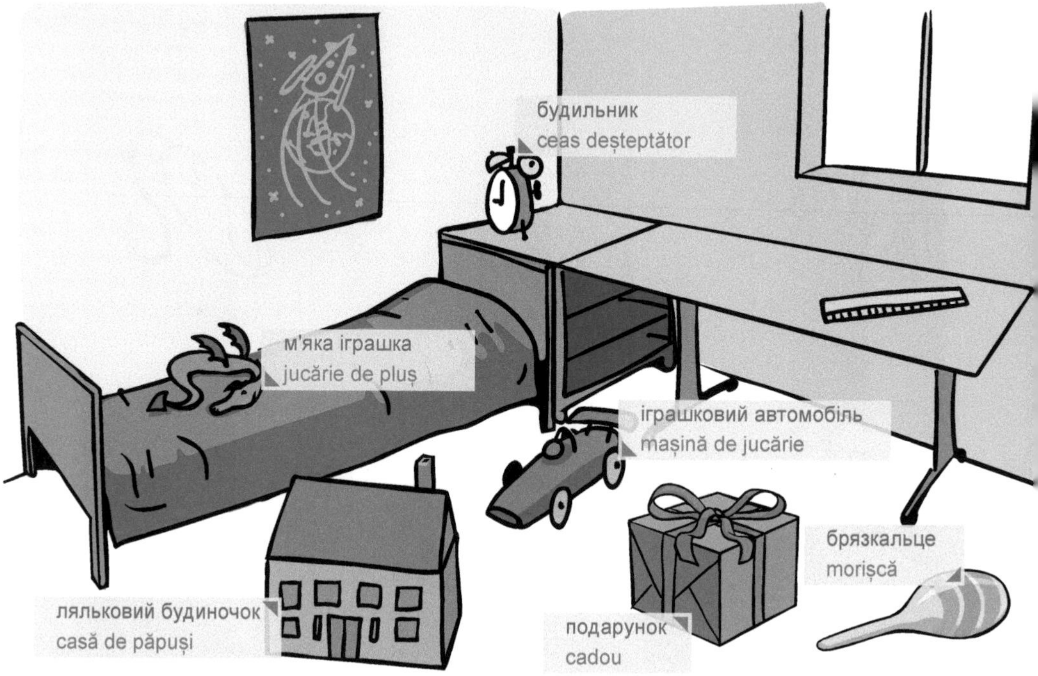

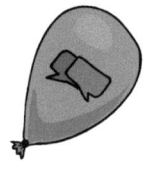

повітряна кулька

balon

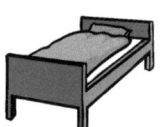

ліжко

pat

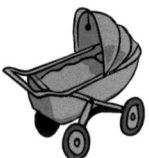

дитячий візок

cărucior de copii

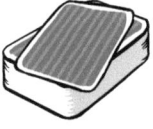

картярська гра

joc de cărți

пазл

puzzle

SUPER
MEGA

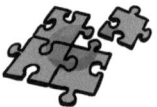

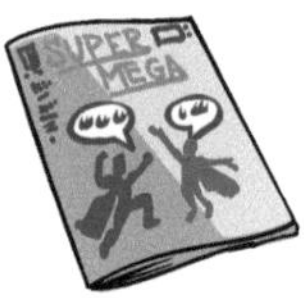

комікс

revistă de benzi desenate

лего цеглинки

cuburi lego

блоки

piese pentru construcţii

іграшкова фігурка

personaj din filmele de acţiune

повзунки

body

фризбі

frisbee

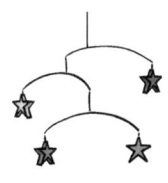

мобіле

mobil

настільна гра

joc de societate

кубик

zar

модель залізнична станція

set trenuleţ de jucărie

соска

suzetă

вечірка

petrecere

книжка з картинками

carte cu poze

м'яч

minge

лялька

păpuşă

грати

a se juca

пісочниця

groapă de nisip

гойдалка

leagăn

іграшка

jucării

гральна консоль

consolă video

триколісний велосипед

tricicletă

плюшевий мішка

ursuleț

шафа

dulap

ОДЯГ

îmbrăcăminte

шкарпетки

șosete

панчохи

ciorapi

колготки

dres

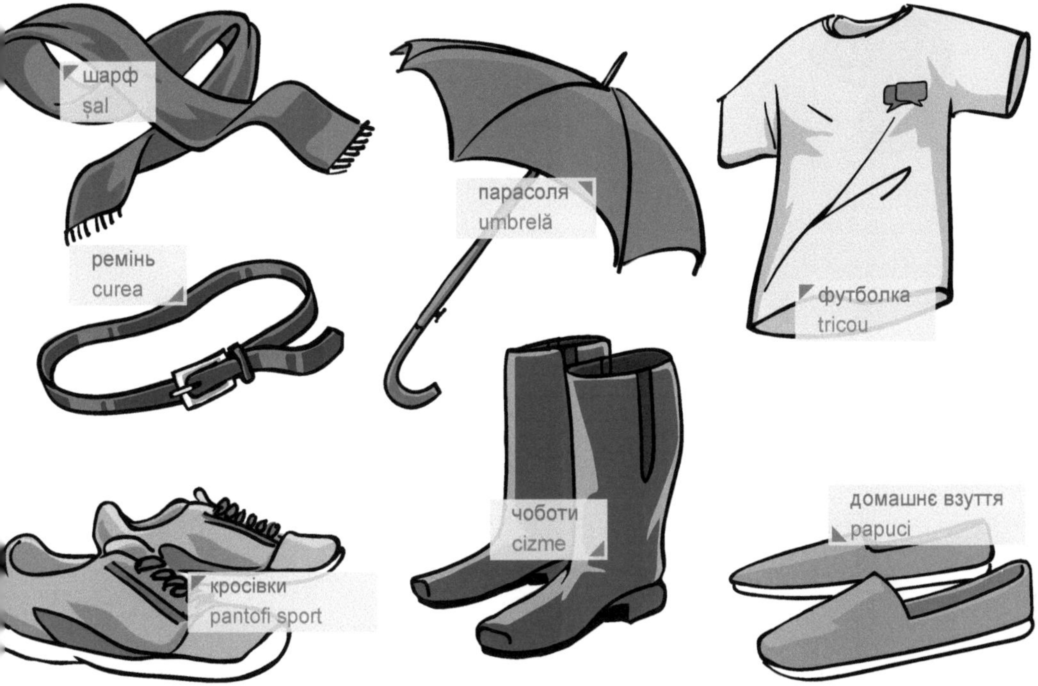

шарф
şal

ремінь
curea

парасоля
umbrelă

футболка
tricou

чоботи
cizme

домашнє взуття
papuci

кросівки
pantofi sport

сандалі
sandale

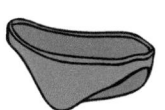

взуття
încălţăminte

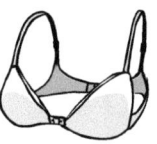

гумові чоботи
cizme de cauciuc

труси
chilot

бюстгальтер
sutien

нижня сорочка
maiou

боді
body

штани
pantaloni

джинси
blugi

спідниця
fustă

блузка
bluză

сорочка
cămașă

пуловер
pulover

светр
jerseu

піджак
sacou

куртка
jachetă

пальто
palton

дощовик
pelerină de ploaie

костюм
costum

сукня
rochie

весільна сукня
rochie de mireasă

костюм

costum

нічна сорочка

cămașă de noapte

піжама

pijama

capi

sari

головна хустка

batic

чалма

turban

бурка

burka

кафтан

caftan

абая

abaya

купальник

costum de baie

плавки

șort

шорти

pantaloni scurți

тренувальний костюм

trening

фартух

șorț

рукавички

mănuși

гудзик

nasture

окуляри

ochelari

браслет

brăţară

ланцюг

lanţ

кільце

inel

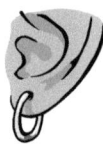

сережка

cercel

шапка

căciulă

плічка

umeraş

капелюх

pălărie

краватка

cravată

застібка-блискавка

fermoar

шолом

cască

підтяжки

bretele

шкільна форма

uniformă şcolară

уніформа

uniformă

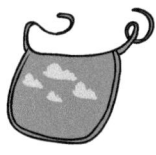

нагрудник

baveţică

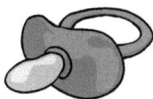

соска

suzetă

підгузок

scutec

офіс
birou

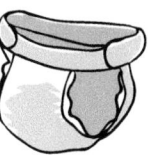

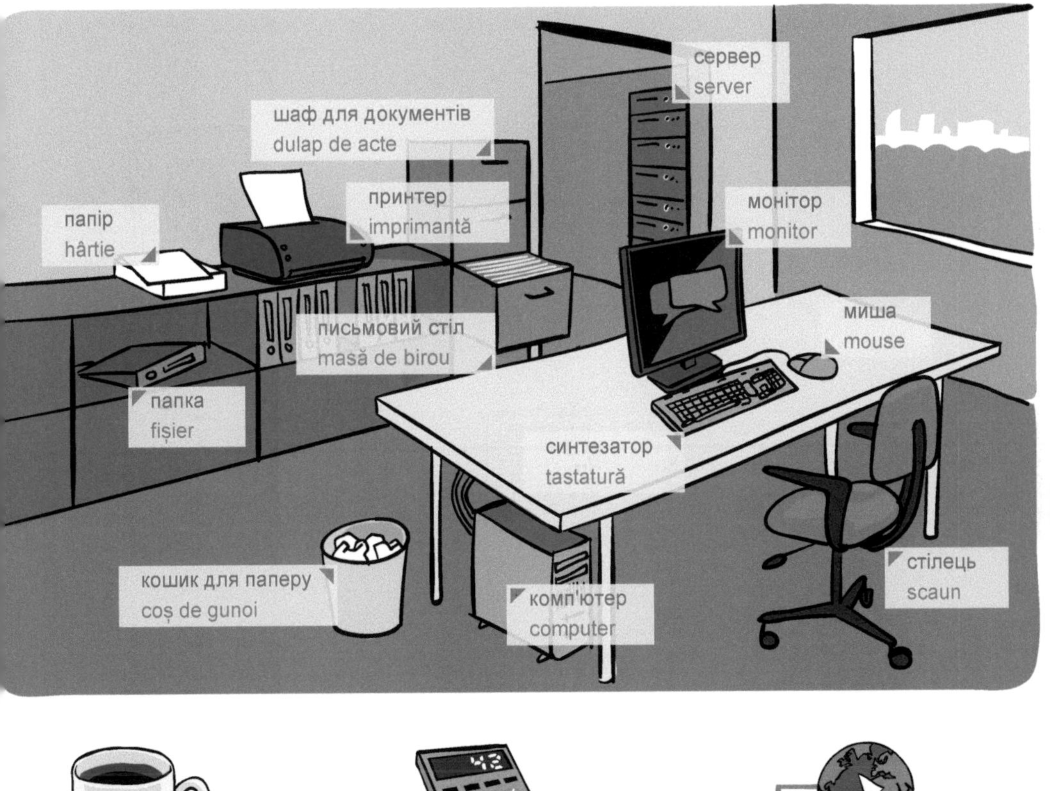

сервер
server
шаф для документів
dulap de acte
принтер
imprimantă
папір
hârtie
монітор
monitor
письмовий стіл
masă de birou
миша
mouse
папка
fişier
синтезатор
tastatură
стілець
scaun
кошик для паперу
coş de gunoi
комп'ютер
computer

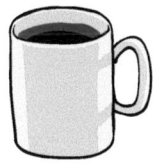

кавовий кухоль

ceaşcă de cafea

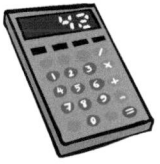

калькулятор

calculator

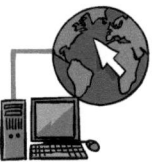

інтернет

internet

ноутбук

laptop

лист

scrisoare

повідомлення

mesaj

мобільний телефон

telefon mobil

мережа

reţea

копіювальний пристрій

copiator

програмне забезпечення

software

телефон

telefon

розетка

priză

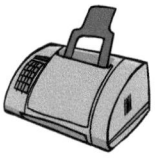

факс

fax

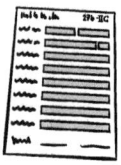

бланк

formular

документ

document

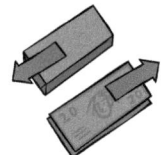

купувати

a cumpăra

платити

a plăti

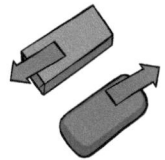

торгувати

a face comerţ

гроші

bani

долар

Dolar

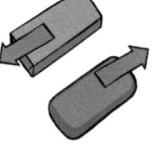

євро

Euro

ієна

Yen

рубль

Rublă

франк

Franc Elveţian

юанів женьміньбі

renminbi yuan

рупія

Rupie

банкомат

bancomat

обмінний пункт

casă de schimb valutar

золото

aur

срібло

argint

нафта

petrol

енергія

energie

ціна

preț

контракт

contract

податок

impozit

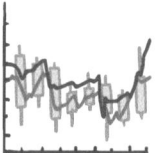

акція

acțiune

працювати

a munci

працівник

angajat

роботодавець

angajator

фабрика

fabrică

магазин

magazin

професії

ocupații

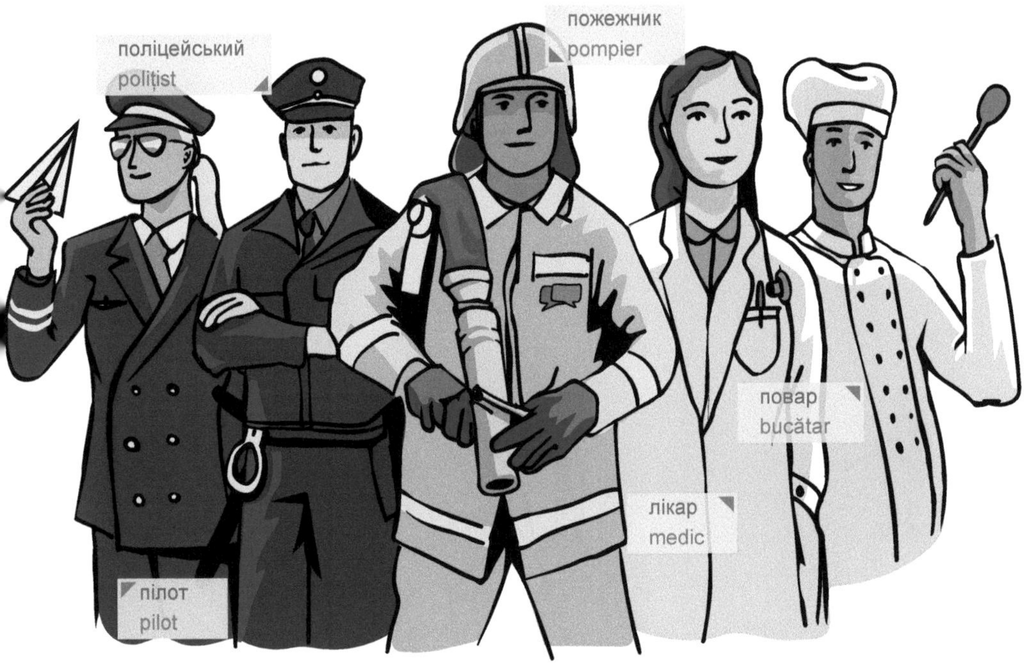

поліцейський
polițist
пожежник
pompier
повар
bucătar
лікар
medic
пілот
pilot

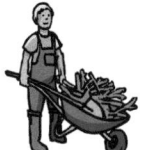

садівник

grădinar

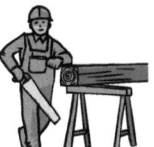

столяр

tâmplar

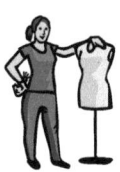

швачка

cusătoreasă

суддя

judecător

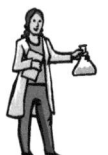

хімік

chimist

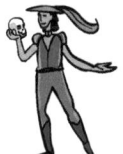

актор

actor

водій автобуса

șofer de autobuz

таксист

șofer de taxi

рибалка

pescar

прибиральниця

femeie de serviciu

покрівельник

tinichigiu

офіціант

chelnăr

мисливець

vânător

художник

pictor

пекар

brutar

електрик

electrician

будівельник

muncitor în construcții

інженер

inginer

забійник

măcelar

бляхар

instalator

листоноша

poștaș

солдат

soldat

архітектор

arhitect

касир

casier

флорист

florar

перукар

frizer

кондуктор

controlor

механік

mecanic

капітан

căpitan

дантист

stomatolog

вчений

om de știință

рабин

rabin

імам

imam

монах

călugăr

пастор

preot

інструменти
instrumente

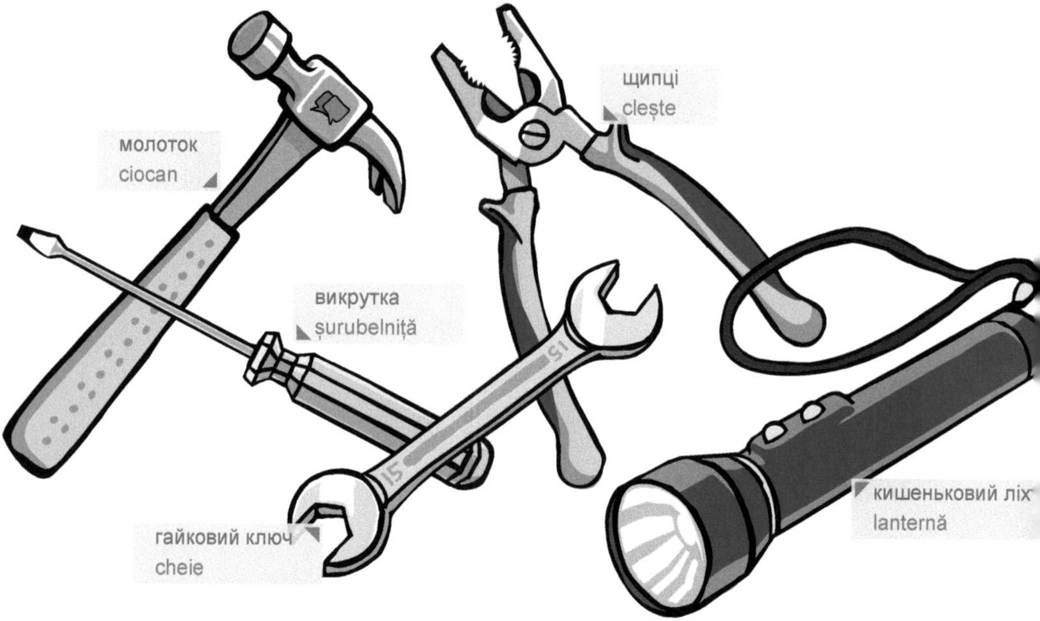
щипці
clește
молоток
ciocan
викрутка
șurubelniță
кишеньковий ліх
lanternă
гайковий ключ
cheie

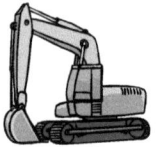

екскаватор

excavator

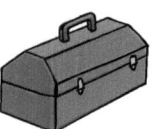

ящик для інструментів

cutie de scule

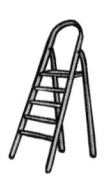

драбина

scară

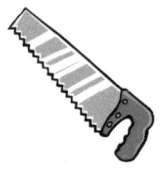

пилка

ferăstrău

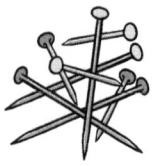

цвяхи

cuie

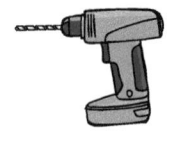

свердло

burghiu

ремонтувати

a repara

лопата

lopată

La naiba!

лайно!

La naiba!

совок

făraș

відро з фарбою

vas pentru vopsea

гвинти

șuruburi

музичні інструменти
instrumente muzicale

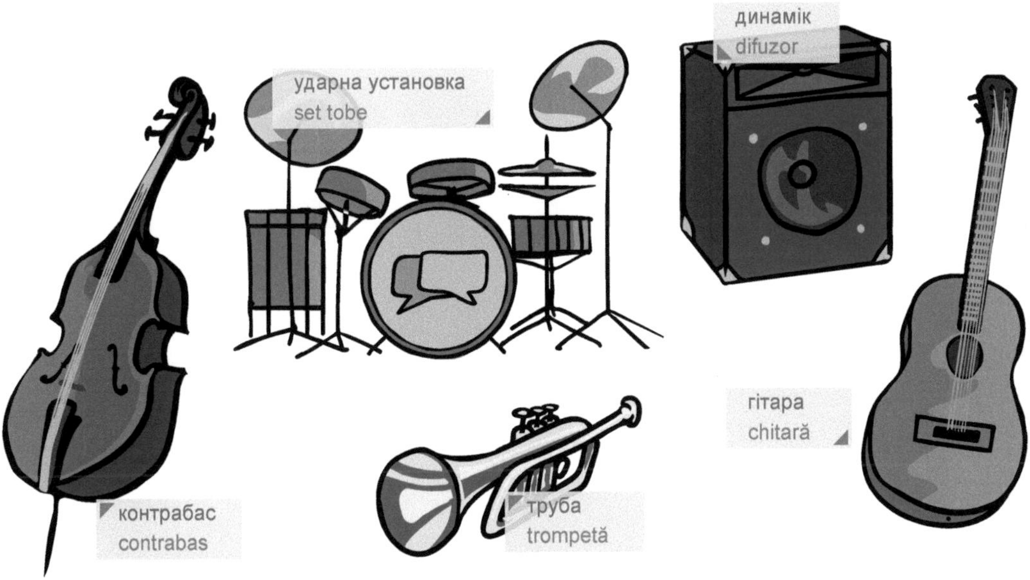

ударна установка
set tobe

динамік
difuzor

гітара
chitară

контрабас
contrabas

труба
trompetă

фортепіано

pian

скрипка

vioară

бас

bas

литаври

trombon

барабан

tobă

клавіатура

keyboard

саксофон

saxofon

флейта

fluier

мікрофон

microfon

зоопарк
grădină zoologică

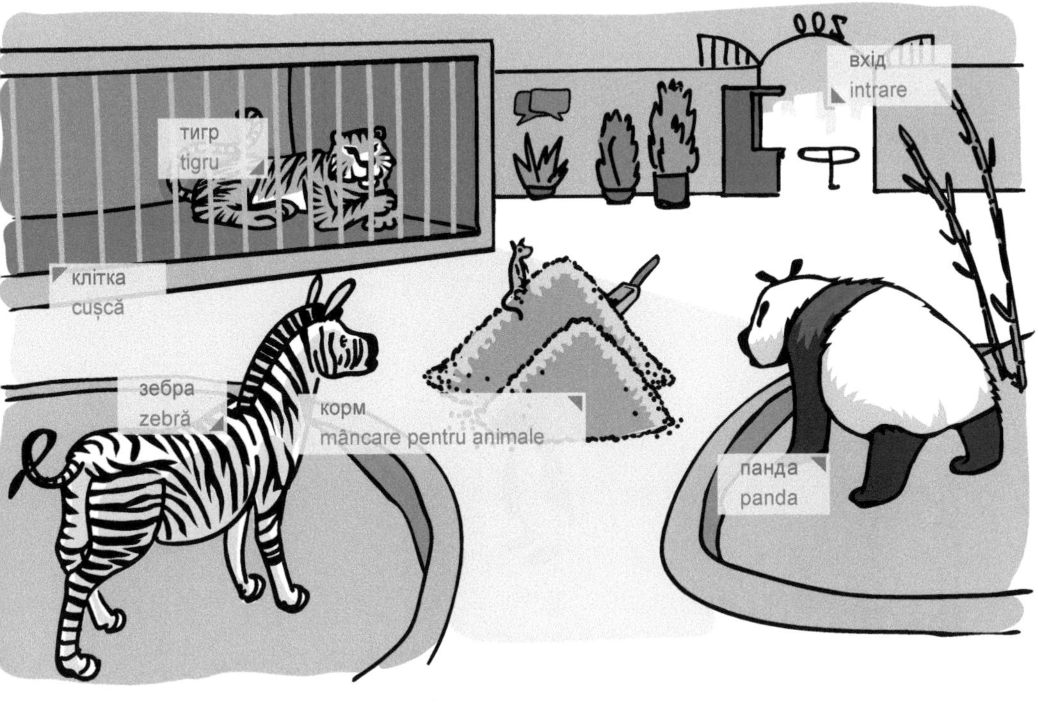

вхід
intrare
тигр
tigru
клітка
cușcă
зебра
zebră
корм
mâncare pentru animale
панда
panda

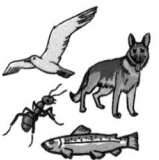

тварини

animale

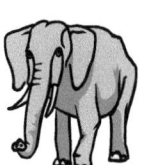

слон

elefant

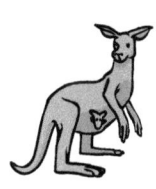

кенгуру

cangur

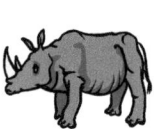

носоріг

rinocer

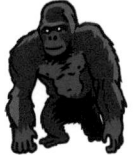

горила

gorilă

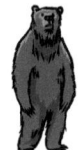

ведмідь

urs

верблюд

cămilă

страус

struț

лев

leu

мавпа

maimuță

фламінго

flamingo

папуга

papagal

білий ведмідь

urs polar

пінгвін

pinguin

акула

rechin

павич

păun

змія

șarpe

крокодил

crocodil

працівник зоопарку

îngrijitor grădina zoologică

тюлень

focă

ягуар

jaguar

поні

ponei

леопард

leopard

гіпопотам

hipopotam

жираф

girafă

орел

acvilă

кабан

porc mistreţ

риба

peşte

черепаха

broască ţestoasă

морж

morsă

лисиця

vulpe

газель

gazelă

американський футбол
fotbal american

їзда на велосипеді
ciclism

теніс
tenis

баскетбол
basketball

плавання
înot

бокс
box

хокей
hockey pe gheață

футбол
fotbal

бадмінтон
badminton

легка атлетика
atletism

гандбол
handbal

лижні перегони
schi

поло
polo

стрибати
a sări

обіймати
a îmbrăţişa

сміятися
a râde

йти
a merge

співати
a cânta

молитися
a se ruga

цілувати
a săruta

мріяти
a visa

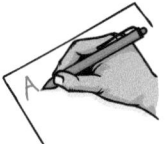

писати

a scrie

малювати

a desena

показувати

a arăta

тиснути

a împinge

давати

a da

брати

a lua

мати
a avea

робити
a face

бути
a fi

стояти
a sta în picioare

бігати
a fugi

тягнути
a trage

кидати
a arunca

падати
a cădea

лежати
a sta întins

очікувати
a aştepta

носити
a purta

сидіти
a şedea

одягати
a se îmbrăca

спати
a dormi

просипатися
a se trezi

дивитися

a privi

плакати

a plânge

гладити

a mângâia

розчісувати

a se pieptăna

розмовляти

a vorbi

розуміти

a înțelege

питати

a întreba

слухати

a asculta

пити

a bea

їсти

a mânca

прибирати

a face ordine

любити

a iubi

варити

a găti

їхати

a conduce

літати

a zbura

йти під вітрилом

a naviga

рахувати

a calcula

читати

a citi

вчитися

a învăța

працювати

a munci

одружуватися

a se căsători

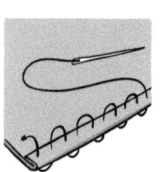

шити

a coase

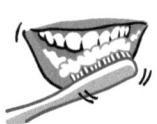

чистити зуби

a se spăla pe dinți

убивати

a ucide

курити

a fuma

посилати

a trimite

бабуся
bunică

дідуся
bunic

батько
tată

мати
mamă

немовля
bebeluș

донька
soră

син
fiu

гість

oaspete

тітка

mătușă

дядько

unchi

брат

frate

сестра

soră

тіло

corp

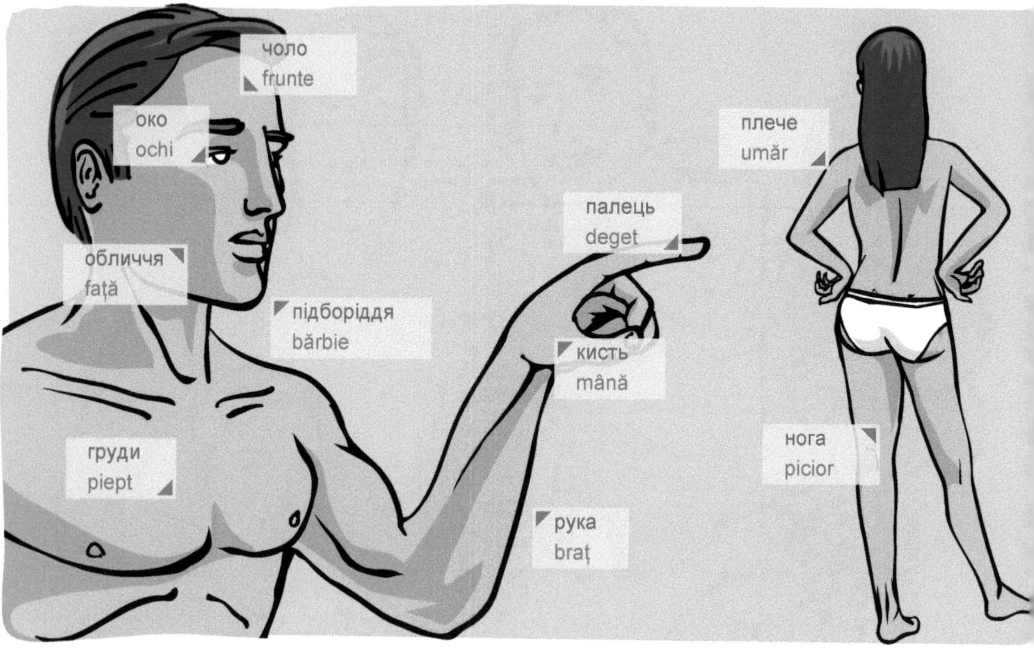

чоло
frunte

око
ochi

плече
umăr

палець
deget

обличчя
față

підборіддя
bărbie

кисть
mână

груди
piept

нога
picior

рука
braț

немовля

bcbcluɔ

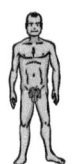

чоловік

bărbat

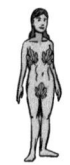

жінка

femeie

дівчина

fată

хлопчик

băiat

голова

cap

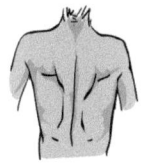

спина

spate

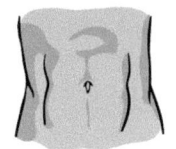

живіт

abdomen

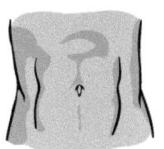

пуп

ombilic

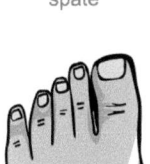

палець ноги

deget de la picior

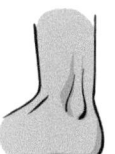

п'ята

călcâi

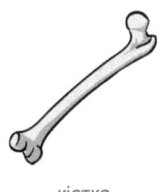

кістка

os

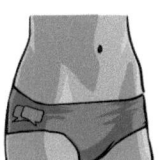

стегно

șold

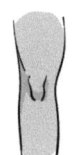

коліно

genunchi

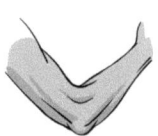

лікоть

cot

ніс

nas

сідниці

fund

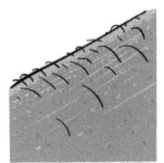

шкіра

piele

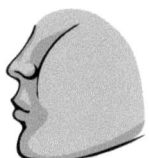

щока

obraz

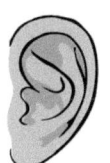

вухо

ureche

губа

buză

тіло - corp

рот

gură

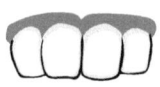

зуб

dinte

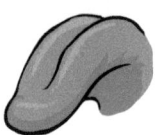

язик

limbă

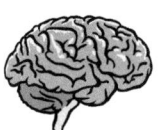

мозок

creier

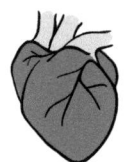

серце

inimă

м'яз

mușchi

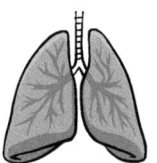

легені

plămân

печінка

ficat

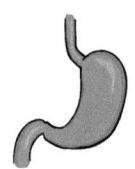

шлунок

stomac

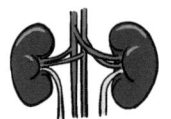

нирки

rinichi

статевий акт

sex

презерватив

prezervativ

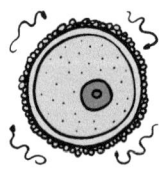

яйцеклітина

ovul

сперма

spermă

вагітність

sarcină

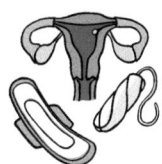

менструація

menstruaţie

вагіна

vagin

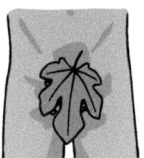

пеніс

penis

брова

sprânceană

волосся

păr

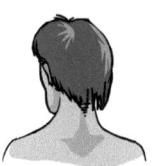

шия

gât

лікарня

spital

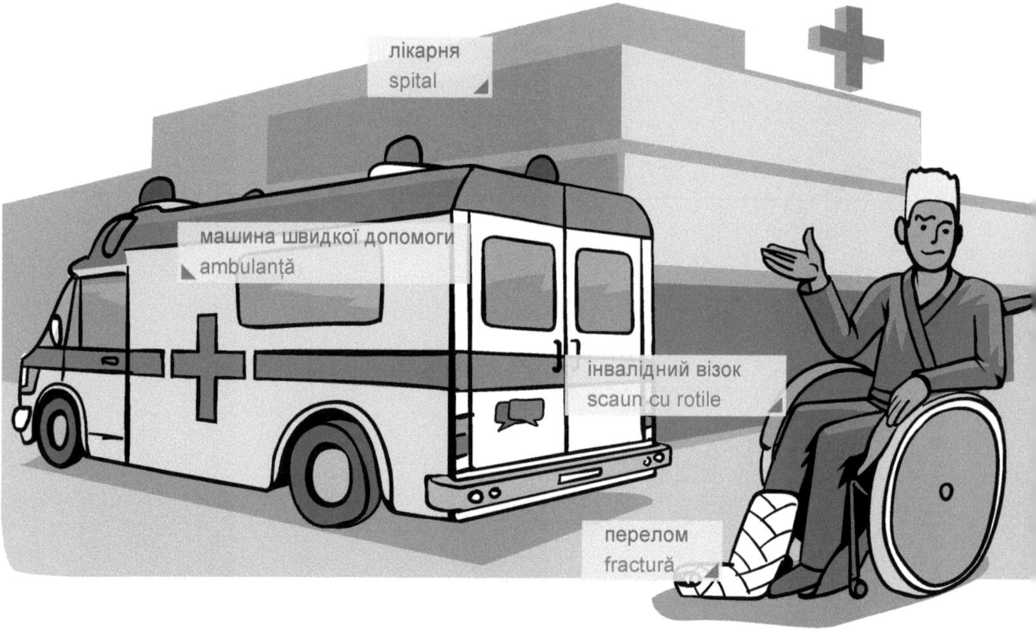

лікарня
spital
машина швидкої допомоги
ambulanță
інвалідний візок
scaun cu rotile
перелом
fractură

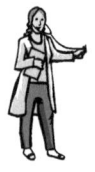

лікар

medic

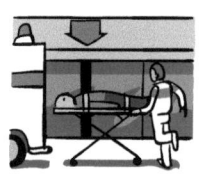

відділення швидкої медичної допомоги

unitate de primiri urgențe

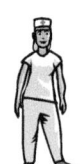

медсестра

soră medicală

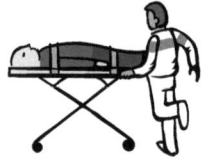

аварійний випадок

urgență

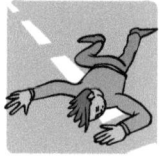

непритомний

inconștient

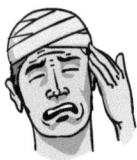

біль

durere

травма

leziune

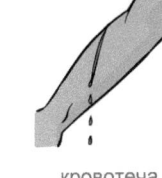

кровотеча

sângerare

інфаркт

infarct miocardic

інсульт

atac cerebral

алергія

alergie

кашель

tuse

лихоманка

febră

грип

gripă

пронос

diaree

головна біль

durere de cap

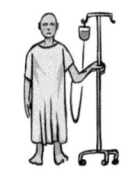

рак

cancer

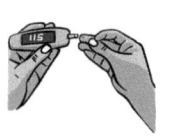

діабет

diabet

хірург

chirurg

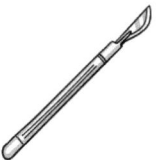

скальпель

scalpel

операція

operație

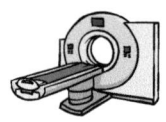

КТ
CT

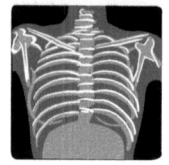

рентген
raze Röntgen

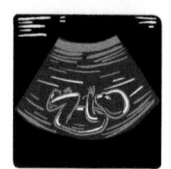

ультразвук
ultrasunet

маска
mască

хвороба
boală

зал очікування
sală de așteptare

милиця
cârjă

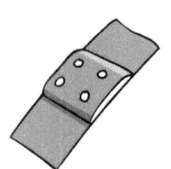

пластир
plasture

пов'язка
bandaj

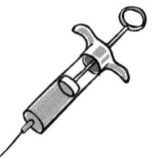

ін'єкція
injecție

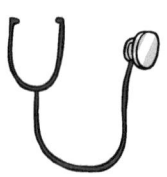

стетоскоп
stetoscop

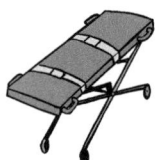

ноші
targă

термометр
termometru

народження
naștere

надмірна вага
supraponderabilitate

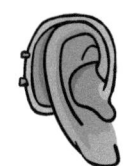

слуховий апарат

aparat auditiv

дезінфікуючий засіб

dezinfectant

інфекція

infecţie

вірус

virus

ВІЛ / СНІД

HIV/SIDA

медицина

medicină

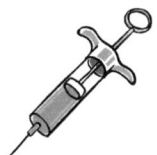

вакцинація

vaccin

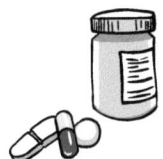

таблетки

tablete

протизаплідна пігулка

pastilă

екстрений виклик

apel de urgenţă

тонометр

aparat de măsurare a presiunii arteriale

хворий / здоровий

bolnav/sănătos

Допоможіть!

Ajutor!

сигнал тривоги

alarmă

напад

agresiune

атака

atac

небезпека

pericol

аварійний вихід

ieşire de urgenţă

Вогонь!

Foc!

вогнегасник

extinctor

аварія

accident

аптечка

trusă de prim-ajutor

СОС

SOS

поліція

poliţie

Європа
......
Europa

Північна Америка
......
America de Nord

Південна Америка
......
America de Sud

Африка
......
Africa

Азія
......
Asia

Австралія
......
Australia

Атлантика
......
Altantic

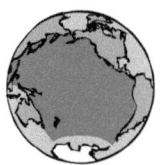

Тихий океан
......
Pacific

Індійський океан
......
Oceanul Indian

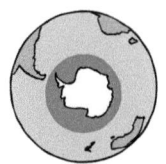

Антарктичний океан
......
Oceanul Antarctic

Північний Льодовитий
океан
......
Oceanul Arctic

Північний полюс
......
Polul Nord

Південний полюс

Polul Sud

Антарктика

Antarctica

Земля

pământ

суша

țară

море

mare

острів

insulă

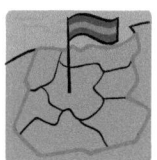

нація

națiune

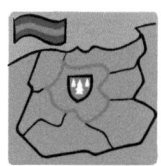

держава

stat

циферблат

cadran

годинникова стрілка

orar

хвилинна стрілка

minutar

секундна стрілка

secundar

Котра година?

Cât e ceasul?

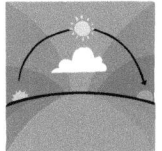

день

zi

час

timp

зараз

acum

цифровий годинник

cead digital

хвилина

minut

година

oră

Понеділок
luni

Середа
miercuri

П'ятниця
vineri

Вівторок
marți

Субота
sâmbătă

Четвер
joi

Неділя
duminică

вчора
ieri

сьогодні
azi

завтра
mâine

ранок
dimineață

опівдні
amiază

вечір
seară

робочі дні
zile lucrătoare

кінець робочого тижня
week-end

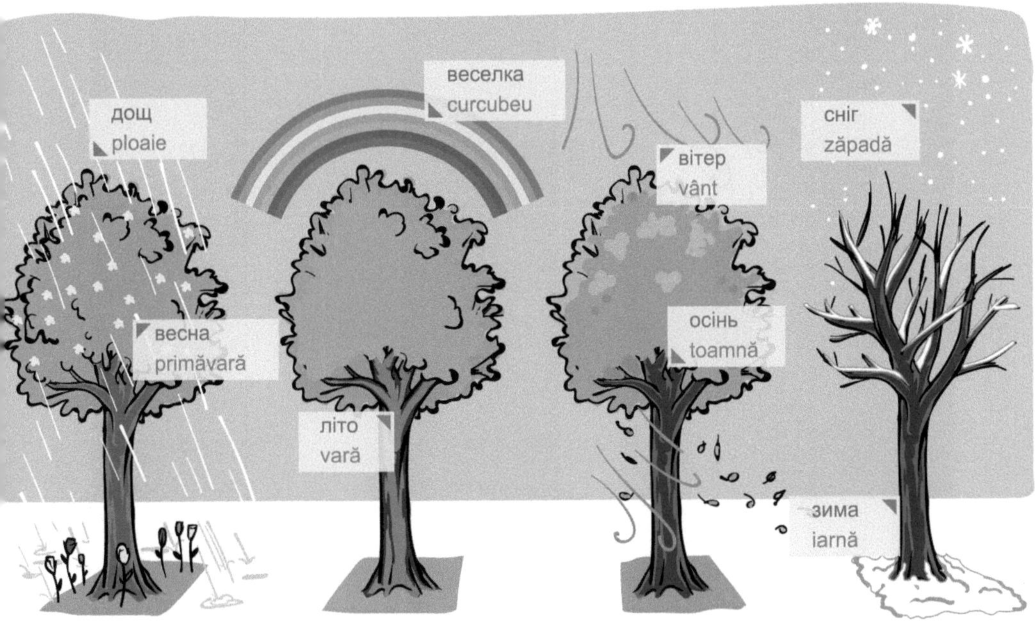

дощ
ploaie
веселка
curcubeu
вітер
vânt
сніг
zăpadă
весна
primăvară
осінь
toamnă
літо
vară
зима
iarnă

4.APRIL 11°
5.APRIL 4°
6.APRIL 13°
7.APRIL 8°
8.APRIL 10°

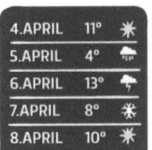

прогноз погоди

prognoză meteo

F C
120 40
90 30
60 20
30 10
0 0
-30 -10
-20

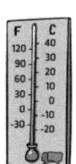

термометр

termometru

сонячне світло

lumina soarelui

хмара

nor

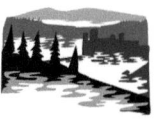

туман

ceață

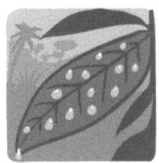

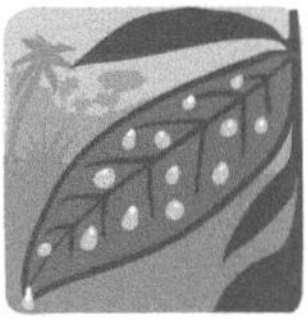

вологість повітря

umiditate a aerului

блискавка

fulger

грім

tunet

шторм

furtună

град

grindină

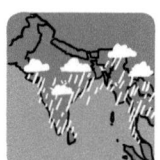

мусон

muson

повінь

inundație

лід

gheață

Січень

ianuarie

Лютий

februarie

Березень

martie

Квітень

aprilie

Травень

mai

Червень

iunie

Липень

iulie

Серпень

august

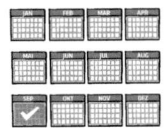

Вересень
....
septembrie

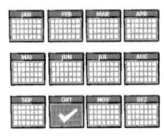

Жовтень
....
octombrie

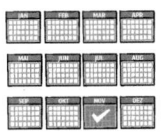

Листопад
....
noiembrie

Грудень
....
decembrie

форми

forme

круг
....
cerc

квадрат
....
pătrat

прямокутник
....
dreptunghi

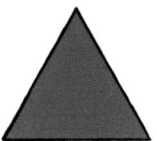

трикутник
....
triunghi

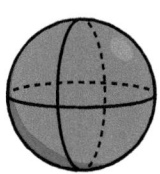

куля
....
sferă

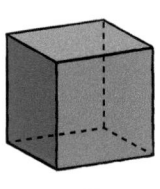

куб
....
cub

фарби
culori

білий

alb

жовтий

galben

помаранчевий

portocaliu

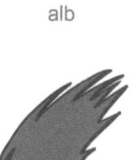

рожевий

roz

червоний

roșu

фіолетовий

violet

синій

albastru

зелений

verde

коричневий

maro

сірий

gri

чорний

negru

багато / мало

mult/puțin

лютий / мирний

furios/calm

гарний / бридкий

frumos/urât

початок / кінець

început/sfârșit

великий / малий

mare/mic

світлий / темний

luminos/întunecat

брат / сестра

frate/soră

чистий / брудний

curat/murdar

завершений / незавершений

complet/incomplet

день / ніч

zi/noapte

мертвий / живий

mort/viu

широкий / вузький

lat/strâmt

їстівний / неїстівний

comestibil/necomestibil

злий / дружній

rău/prietenos

збуджений / нудьгуючий

emoţionat/plictisit

товстий / тонкий

gras/slab

спочатку / востаннє

primul/ultimul

друг / ворог

prieten/inamic

повний / порожній

plin/gol

жорсткий / м'який

tare/moale

важкий / легкий

greu/uşor

голод / спрага

foame/sete

хворий / здоровий

bolnav/sănătos

незаконний / законний

ilegal/legal

розумний / дурний

inteligent/stupid

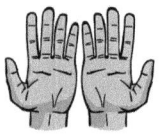

вліво / вправо

stânga/drepta

поруч / далеко

aproape/departe

новий / використаний

nou/uzat

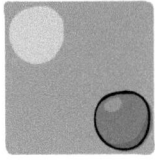

нічого / щось

nimic/ceva

старий / молодий

bătrân/tânăr

вкл / викл

pornit/oprit

відкрито / закрито

deschis/închis

тихо / гучно

încet/tare

багатий / бідний

bogat/sărac

правильно / неправильно

corect/fals

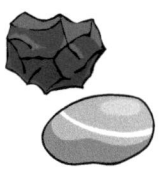

шорсткий / гладкий

aspru/neted

сумний / щасливий

trist/fericit

короткий / довгий

lung/scurt

повільно / швидко

încet/repede

вологий / сухий

ud/uscat

гарячий / холодний

cald/rece

війна / мир

război/pace

0

нуль

zero

1

один

unu

2

два

doi

3

три

trei

4

чотири

patru

5

п'ять

cinci

6

шість

șase

7

сім

șapte

8

вісім

opt

9

дев'ять

nouă

10

десять

zece

11

одинадцять

unsprezece

12

дванадцять

douăsprezece

13

тринадцять

treisprezece

14

чотирнадцять

paisprezece

15

п'ятнадцять

cincisprezece

16

шістнадцять

șaisprezece

17

сімнадцять

șaptesprezece

18

вісімнадцять

optsprezece

19

дев'ятнадцять

nouăsprezece

20

двадцять

douăzeci

100

сто

o sută

1.000

тисяча

o mie

1.000.000

мільйон

un milion

англійська

engleză

американська англійська

engleză americană

китайська високочиновницька

chineza mandarină

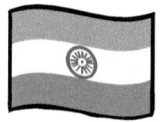

хінді

hindi

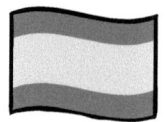

іспанська

spaniolă

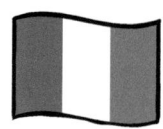

французька

franceză

арабська

arabă

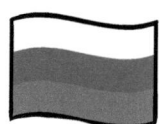

російська

rusă

португальська

protugheză

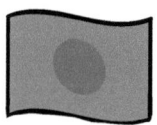

бенгальська

bengaleză

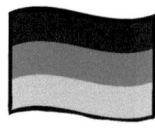

німецька

germană

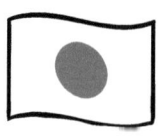

японська

japoneză

я

eu

ти

tu

він / вона / воно

el/ea

ми

noi

ви

voi

вони

ea

хто?

cine?

що?

ce?

як?

cum?

де?

unde?

коли?

când?

ім'я

nume

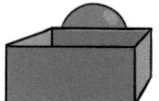

ззаду

în spate

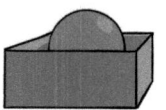

в

în

перед

înainte

над

peste

на

pe

під

sub

біля

lângă

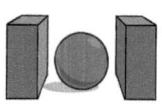

між

între

місце

loc